Impressum
Verlag: BABADADA GmbH, Nedderfeld 112 , 22529 Hamburg
Geschäftsführer / Verlagsleitung: Harald Hof
Druck: Books on Demand GmbH, In de Tarpen 42, 22848 Norderstedt

Imprint
Publisher: BABADADA GmbH, Nedderfeld 112 , 22529 Hamburg, Germany
Managing Director / Publishing direction: Harald Hof
Print: Books on Demand GmbH, In de Tarpen 42, 22848 Norderstedt

classroom
синф

divide
бўлмоқ

186/2

school yard
мактаб ҳовлиси

board
доска

teacher
ўқитувчи

paper
қоғоз

write
ёзмоқ

pen
ручка

desk
иш столи

ruler
линейка

book
китоб

pupil
ўқувчи

satchel

осма сумка

pencil case

қаламдон

pencil

қалам

pencil sharpener

қалам учлагич

rubber

ўчиргич

drawing pad

расм албоми

drawing

чизмачилик

paintbrush

бўёқ чўтка

paint box

бўёқдон

scissors

қайчи

glue

елим

exercise book

машғулот дафтари

homework

уй иши

12

number

рақам

2+2

add

қўшмоқ

5-2

subtract

айирмоқ

2×2

multiply

кўпайтирмоқ

calculate

ҳисобламоқ

A

letter

хат

ABCDEFG
HIJKLMN
OPQRSTU
VWXYZ

alphabet

алифбо

hello

word

сўз

text

матн

read

ўқимоқ

chalk

бўр

lesson

дарс

register

журнал

exam

имтиҳон

certificate

гувоҳнома

school uniform

мактаб формаси

education

таълим

encyclopedia

қомус

university

олийгоҳ

microscope

микроскоп

map

харита

waste-paper basket

урна

hotel
меҳмонхона

Grand

hostel
сайёҳлар ётоқхонаси

bureau de change
пул айирбошлаш шаҳобчаси

suitcase
чемодан

car
машина

language

тил

yes / no

ҳа / йўқ

Okay

Хўп

hello

салом

translator

таржимон

Thank you

Раҳмат

how much is…?

неча пул…?

I do not understand

Тушунмадим

problem

муаммо

Good evening!

Хайрли кеч!

Good morning!

Хайрли тонг!

Good night!

Хайрли тун!

bye bye

кўришгунча

direction

йўналиш

luggage

йўловчи юки

bag

сафархалта

backpack

юк халта

guest

меҳмон

room

хона

sleeping bag

уйқуқоп

tent

чодир

tourist information

саёҳларга маълумот
бериш столи

beach

пляж

credit card

омонат карта

breakfast

нонушта

lunch

нонушта

dinner

кечки овқат

ticket

чипта

lift

лифт

stamp

марка

border

чегара

customs

божхона

embassy

элчихона

visa

виза

passport

паспорт

aeroplane
самолет

ship
кема

fire engine
ўт ўчирувчи машина

bus
автобус

truck
юк автомобили

motorboat
моторли қайиқ

bike
велосипед

car
машина

ferry

....

солсимон ясси кема

boat

....

қайиқ

motorbike

....

мотоцикл

police car

....

посбон машинаси

racing car

....

пойга машинаси

rental car

....

ижарага олинган автоулов

car sharing

автоижара

breakdown truck

шатакка олувчи юк
автомобили

refuse truck

ахлат машинаси

motor

мотор

fuel

ёқилғи

petrol station

ёқилғи қуйиш шаҳобчаси

traffic sign

йўл белгиси

traffic

йўл ҳаракати

traffic jam

тирбанд

car park

втомобил тўхтаб туриш
жойи

train station

поезд бекати

tracks

рельс

train

поезд

tram

трамвай

carriage

вагон

helicopter

вертолёт

airport

аэропорт

tower

минора

passenger

йўловчи

container

контейнер

carton

қоғоз қути

cart

аравача

basket

сават

take off / land

учмоқ / қўнмоқ

city

шаҳар

village

қишлоқ

city centre

шаҳар маркази

house

уй

cinema
кинотеатр

advert
реклама

street lamp
кўча чироғи

street
кўча

taxi
такси ҳайдовчи

pedestrian
пиёда

snack shop
тамаддихона

pavement
йўлка

zebra crossing
пиёдалар ўтиш жойи

bin
урна

crossing
чорраҳа

traffic lights
йўлчироқ

hut
кулба

flat
квартира

train station
поезд бекати

town hall
маҳаллий ҳокимият
биноси

museum
музей

school
мактаб

university

олийгоҳ

bank

банк

hospital

шифохона

hotel

меҳмонхона

pharmacy

дорихона

office

идора

book shop

китоб дўкони

shop

дўкон

florist's

гул дўкони

supermarket

супермаркет

market

бозор

department store

универмаг

fishmonger's

балиқ дўкони

shopping centre

савдо маркази

harbour

бандаргоҳ

park

истироҳат боғи

bench

банк

bridge

кўприк

stairs

зинапоя

underground

метро

tunnel

ер ости йўли

bus stop

автобус бекати

bar

бар

restaurant

ресторан

postbox

почта қутиси

street sign

кўча ёзув осма тахтаси

parking meter

тўхтаб туриш вақтини ҳисоблагич

zoo

ҳайвонот боғи

swimming pool

бассейн

mosque

масжид

farm

чорвачилик хўжалиги

pollution

атроф-муҳит ифлосланиши

graveyard

қабристон

church

ибодатхона

playground

болалар ўйингоҳи

temple

эҳром

landscape

манзара

leaf
япроқ

signpost
йўлкўрсатгич

way
йўл

meadow
ўтлоқ

stone
тош

tree
дарахт

hiker
пиёда сайёҳ

river
дарё

grass
майса

flower
гул

valley

водий

hill

қир

lake

кўл

forest

ўрмон

desert

чўл

volcano

вулкан

castle

қалъа

rainbow

камалак

mushroom

кўзиқорин

palm tree

пальма дарахти

mosquito

пашша

fly

чивин

ant

чумоли

bee

асалари

spider

ўргимчак

beetle

қўнғиз

frog

қурбақа

squirrel

олмахон

hedgehog

типратикон

hare

қуён

owl

укки

bird

қуш

swan

оққуш

boar

эркак чўчқа

deer

буғу

moose

бутоқ шоҳли кийик

dam

тўғон

wind turbine

шамол генератори

solar panel

қуёш батареяси

climate

иқлим

waiter
официант

menu
таомнома

chair
стул

soup
шўрва

pizza
пицца

cutlery
ошхона анжомлари

tablecloth
дастурхон

starter
газак

main course
асосий таом

dessert
десерт

drinks
ичимликлар

food
таом

bottle
бутилка

fast food

тез пишар таом

street food

кӯча таоми

teapot

чойнак

sugar bowl

шакардон

portion

порция

espresso machine

эспрессо кофе машинаси

high chair

болалар курсичаси

bill

ҳисоб

tray

лаган

knife

пичоқ

fork

санчқи

spoon

қошиқ

teaspoon

чой қошиқ

serviette

кӯл сочиқ

glass

стакан

plate
ликоп

soup plate
шўрва коса

saucer
тақсимча

sauce
қайла

salt pot
туздон

pepper mill
қалампир янчгич

vinegar
сирка

oil
ёғ

spices
зираворлар

ketchup
кетчуп

mustard
хантал

mayonnaise
майонез

special offer
чегирма

customer
мижоз

dairy
сут махсулотлари

fruit
мева

trolley
харид араваси

FOR

butcher's

қассобхона

baker's

нонвойхона

weigh

тарозида ўлчамоқ

vegetables

сабзавот

meat

гўшт

frozen food

музлатилган таомлар

cold meat

яхна гўшт

tinned food

консерва

washing powder

кир ювиш воситаси

sweets

ширинликлар

household products

кундалик истеъмол моллар

cleaning products

ювиш воситалари

salesperson

сотувчи

till

касса аппарати

cashier

ғазначи

shopping list

харид рўйхати

opening hours

иш вақти

wallet

ҳамён

credit card

омонат карта

bag

халта

plastic bag

целлофан халта

water

сув

juice

шарбат

milk

сут

coke

кока-кола

wine

вино

beer

пиво

alcohol

спиртли ичимлик

cocoa

какао

tea

чой

coffee

кофе

espresso

эспрессо

cappuccino

капучино

banana

банан

apple

олмахон

orange

апельсин

melon

қовун

lemon

лимон

carrot

сабзи

garlic

саримсоқ

bamboo

бамбук

onion

пиёз

mushroom

қўзиқорин

nuts

ёнғоқ

noodles

лағмон

spaghetti

спагетти

rice

гуруч

salad

салат

chips

картошка-фри

fried potatoes

қовурилган картошка

pizza

пицца

hamburger

гамбургер

sandwich

сэндвич

cutlet

тўқмоқланган тўш қиймаси

ham

дудланган чўчқа гўшти

salami

салями колбасаси

sausage

сосиска

chicken

товуқ гўшти

roast

қовурилган

fish

балиқ

porridge oats

сули бўтқаси

muesli

мюсли

cornflakes

маккажўхори ёрмаси

flour

ун

croissant

француз булочкаси

bread roll

булочка

bread

нон

toast

қизартирилган нон бўлаги

biscuits

пиширик

butter

сариёғ

curd

творог

cake

пирог

egg

тухум

fried egg

қовурилган тухум

cheese

пишлоқ

ice cream

музқаймоқ

sugar

шакар

honey

асал

jam

мураббо

chocolate spread

шоколад пастаси

curry

зарчава

food - таом

farmhouse
деҳқон уйи

barn
пичанхона

straw bale
похол тугуни

field
дала

horse
от

trailer
тиркама

tractor
трактор

foal
қулун

donkey
эшак

lamb
қўзи

sheep
қўй

goat

эчки

cow

сигир

calf

бузоқ

pig

чўчқа

piglet

чўчқа боласи

bull

буқа

goose

ғоз

duck

ўрдак

chick

жўжа

hen

товуқ

cock

хўроз

rat

каламуш

cat

мушук

mouse

сичқон

ox

ҳўкиз

dog

ит

doghouse

каталак

garden hose

ҳовли боғ шланги

watering can

гулчелак

scythe

белўроқ

plough

темир омоч

sickle

қўлўроқ

hoe

чопқи

pitchfork

паншаха

axe

болта

wheelbarrow

ғалтакарава

trough

охур

milk can

сут бидони

sack

тўрва

fence

панжара

stable

оғилхона

greenhouse

иссиқхона

soil

тупроқ

seed

уруғ

fertilizer

ўғит

combine harvester

комбайн

harvest

ҳосил олмоқ

harvest

йиғим-терим

yams

ямс

wheat

буғдой

soy

соя

potato

картошка

corn

маккажўхори

rapeseed

рапс уруғи

fruit tree

мевали дарахт

cassava

маниок

cereals

ёрма

farm - чорвачилик хўжалиги

chimney
мўри

roof
том

drainpipe
тарнов

window
дераза

garage
гараж

doorbell
эшик кўнғироғи

door
эшик

rubbish bin
урна

letterbox
хатлар учун қути

garden
боғ

living room

мехмонхона

bathroom

ваннахона

kitchen

ошхона

bedroom

ётоқхона

child's room

болалар хонаси

dining room

ошхона

floor

пол

wall

девор

ceiling

шип

cellar

подвал

sauna

сауна

balcony

болохона айвони

terrace

айвон

pool

бассейн

lawn mower

ўт ўргич машина

sheet

кўрпажилд

bedspread

чойшаб

bed

кроват

broom

супурги

bucket

пақир

switch

мурват

wallpaper
гулқоғоз

picture
сурат

lamp
чироқ

shelf
токча

cupboard
жавон

television
телевизор

fireplace
ўчоқ

flower
гул

cushion
ёстиқ

vase
гулдон

sofa
диван

remote control
масофадан бошқариш пульти

carpet
гилам

curtain
парда

table
стол

chair
стул

rocking chair
тебранма курси

armchair
кресло

book

китоб

blanket

кўрпа

decoration

ҳашам

firewood

ўтин

film

кино

hi-fi equipment

стерео қурилма

key

калит

newspaper

рўзнома

painting

расм

poster

плакат

radio

радио

notepad

ён дафтар

hoover

чанг ютгич

cactus

кактус

candle

шам

fridge
совутгич

microwave oven
микротўлқинли печ

kitchen scales
ошхона тарозиси

toaster
тостер

detergent
ювиш воситалари

oven
духовка

freezer
музхона

rubbish bin
урна

dishwasher
идиш ювадиган машина

cooker

плита

pot

кастрюль

cast-iron pot

чўян қозон

wok / kadai

бўртма тубли това

pan

това

kettle

човгун

steamer

мантиқасқон

baking tray

тунука това

crockery

идиш

mug

кружка

bowl

коса

chopsticks

таом ейиш таёқчалари

ladle

чўмич

spatula

куракча

whisk

кўпиртиргич

strainer

элак

sieve

элак

grater

қирғич

mortar

ҳовонча

barbecue

гриль

open fire

олов

chopping board

....

оштахта

rolling pin

....

жува

corkscrew

....

пармасимон тиқин очгич

can

....

консерва

can opener

....

консерва очгич

pot holder

....

тутгич

sink

....

унитаз

brush

....

идиш чўтка

sponge

....

қозонсочиқ

blender

....

қориштиргич

deep freezer

....

музлатгич

baby bottle

....

сўрғичли чақалоқ
бутилкаси

tap

....

кран

heating
иситиш тизими

shower
душ

towel
сочиқ

shower curtain
дарпарда

bubble bath
кўпикли ванна

bathtub
ванна

glass
стакан

washing machine
кир ювиш машинаси

tap
кран

tiles
кафель

potty
тувак

sink
унитаз

toilet	squat toilet	bidet
ҳожатхона	полга ўрнатиладиган унитаз	таҳоратдон

urinal	toilet paper	toilet brush
сийдик унитази	ҳожатхона қоғози	ҳожатхона чўткаси

toothbrush

тиш чўтка

toothpaste

тиш пастаси

dental floss

тиш тозалагич ип

wash

ювмоқ

handheld shower

дастакли душ

douche

таҳорат учун душ

basin

тоғора

back brush

елка қашлайдиган чўтка

soap

совун

shower gel

душ учун гель

shampoo

шампунь

flannel

мочалка

drain

қувур

cream

крем

deodorant

дезодарант

mirror

кўзгу

hand mirror

қўл кўзгуси

razor

устара

shaving foam

устара учун кўпик

aftershave

салқинлантирувчи
бальзам

comb

тароқ

brush

чўтка

hair dryer

фен

hairspray

соч учун лак

makeup

пардоз-андоз

lipstick

лаб учун помада

nail varnish

тирноқ лаки

cotton wool

пахта

nail scissors

тирноқ қайчиси

perfume

духи

washbag

пардоз-андоз халтаси

stool

курси

weighing scale

тарози

bathrobe

чўмилиш халати

rubber gloves

резина қўлқоп

tampon

тампон

sanitary towel

гигиеник таглик

chemical toilet

биоҳожатхона

alarm clock
бонг соат

cuddly toy
юмшоқ ўйинчоқ

toy car
ўйинчоқ машина

rattle
шақилдоқ

doll's house
қўғирчоқ уй

present
совға

balloon

шар

bed

кроват

pram

болалар аравачаси

deck of cards

карта тўплами

jigsaw

терма тасвир

comic

кулгили саҳна асари

lego bricks

лего ғиштлари

building blocks

ўйинчоқ кубиклар

action figure

ўйинчоқ қаҳрамон

babygrow

ползунка

frisbee

учар ликопча

mobile

осма шақилдоқ

board game

стол ўйини

dice

ошиқ

model train set

поезд макети

dummy

сўрғич

party

ўтириш

picture book

расмли китоб

ball

копток

doll

қўғирчоқ

play

ўйнамоқ

sandpit

қумдон

swing

арғимчоқ

toys

ўйинчоқлар

video game console

ўйин приставкаси

tricycle

уч ғилдиракли велосипед

teddy bear

бахмал айиқ

wardrobe

кийим шкафи

clothing

кийим

socks

пайпоқ

stockings

чулки

tights

колготка

scarf
шарф

umbrella
соябон

t-shirt
футболка

belt
камар

boots
ботинка

slippers
тапочка

trainers
кроссовка

sandals
....
шиппак

shoes
....
туфли

rubber boots
....
резина этик

underpants
....
тор турсик

bra
....
кўкракпеч

vest
....
майка

clothing - кийим

body

боди

trousers

иштон

jeans

жинси

skirt

юбка

blouse

кофта

shirt

кўйлак

pullover

жемпер

hoodie

узун чакмон

blazer

спорт бичимидаги пиджак

jacket

куртка

coat

пальто

raincoat

плаш

costume

либос

dress

кўйлак

wedding dress

келин кўйлак

suit

костюм шим

nightgown

тунги кўйлак

pyjamas

пижама

sari

сари

headscarf

шолрўмол

turban

салла

burqa

паранжи

kaftan

чакмон

abaya

абая

swimsuit

чўмилиш костюми

trunks

турсик

shorts

шортик

tracksuit

спорт костюми

apron

фартук

gloves

қўлқоп

button

тугма

glasses

кўзойнак

bracelet

билагузук

necklace

мунчоқ

ring

узук

earring

сирға

cap

кепка

coat hanger

пальто илгак

hat

шляпа

tie

бўйинбоғ

zip

замок

helmet

дубулға

braces

шим тортгич

school uniform

мактаб формаси

uniform

форма

bib

ошхўрак

dummy

сўрғич

nappy

таглик

server
сервер

filing cabinet
қоғоз-ҳужжатлар шкафи

printer
принтер

paper
қоғоз

monitor
экран

desk
иш столи

mouse
сичқонча

folder
папка

keyboard
клавиатура

waste-paper basket
урна

chair
стул

computer
компьютер

coffee mug

кофе кружкаси

calculator

калькулятор

internet

интернет

laptop

ноутбук

letter

хат

message

мактуб

mobile

уяли телефон

network

тармоқ

photocopier

нусха кўчиргич

software

дастур

telephone

телефон

plug socket

розетка

fax machine

факс

form

шакллар

document

хужжат

buy

харид қилмоқ

pay

тўламоқ

trade

савдолашмоқ

money

пул

dollar

доллар

euro

евро

yen

йен

rouble

рубль

Swiss franc

швейцар франки

renminbi yuan

эньминьби хитой юани

rupee

рупи

cashpoint

банкомат

bureau de change

пул айирбошлаш
шаҳобчаси

gold

олтин

silver

кумуш

oil

нефт

energy

энергия

price

нарх

contract

шартнома

tax

солиқ

stock

акция

work

ишламоқ

employee

ишчи

employer

иш берувчи

factory

завод

shop

дўкон

economy - иқтисод

police officer
полициячи

fireman
ўт ўчирувчи

cook
ошпаз

doctor
шифокор

pilot
учувчи

gardener

боғбон

carpenter

дурадгор

seamstress

тикувчи

judge

ҳакам

chemist

кимёгар

actor

актёр

bus driver

автобус ҳайдовчиси

taxi driver

такси ҳайдовчи

fisherman

балиқчи

cleaning lady

фаррош

roofer

том устаси

waiter

официант

hunter

овчи

painter

бўёқчи

baker

нонвой

electrician

электр устаси

builder

қурувчи

engineer

муҳандис

butcher

қассоб

plumber

сувчи чилангар

postman

почтачи

soldier

аскар

architect

меъмор

cashier

ғазначи

florist

гулчи

hairdresser

сартарош

conductor

чиптачи

mechanic

механик

captain

капитан

dentist

тиш шифокори

scientist

олим

rabbi

яхудийлар руҳонийси

imam

имом

monk

роҳиб

clergyman

руҳоний

tools
асбоблар

hammer
болға

pliers
омбир

screwdriver
отвертка

spanner
гайка очгич

torch
чўнтак чироғи

digger

экскаватор

toolbox

асбоблар кутиси

ladder

нарвон

saw

қўларра

nails

мих

drill

пармадаста

repair

тузатмоқ

shovel

белкурак

Damn!

Жин урсин!

dustpan

хокандоз

paint pot

бўёқ идиш

screws

бурама мих

musical instruments
мусиқа асбоблари

drum kit
уриб чалинадиган мусиқа асбоблари

loudspeaker
радиокарнай

guitar
гитара

double bass
контрабас

trumpet
сурнай

piano

пианино

violin

ғижжак

bass

бас-гитара

timpani

қўшноғора

drums

дўмбира

keyboard

клавиатура

saxophone

саксофон

flute

най

microphone

микрофон

entrance
кириш

tiger
арслон

cage
қафас

zebra
зебра

animal feed
ем

panda
панда

animals

ҳайвонлар

elephant

фил

kangaroo

кенгуру

rhino

каркидон

gorilla

горилла

bear

айиқ

camel

туя

ostrich

туяқуш

lion

шер

monkey

маймун

flamingo

фламинго

parrot

тӯти

polar bear

оқ айиқ

penguin

пингвин

shark

акула

peacock

товус

snake

илон

crocodile

тимсоҳ

zookeeper

ҳайвонот боғи қоровули

seal

тюлень

jaguar

ягуар

zoo - ҳайвонот боғи

pony
тўпичоқ от

leopard
қоплон

hippo
бегемот

giraffe
жирафа

eagle
бургут

boar
эркак чўчқа

fish
балиқ

turtle
тошбақа

walrus
морж

fox
тулки

gazelle
оху

American football
америка футболи

cycling
велосипед ҳайдаш

tennis
теннис

basketball
баскетбол

swimming
сузиш

boxing
бокс

ice hockey
муз хоккейи

football
....
футбол

badminton
....
бадминтон

athletics
....
енгил атлетика

handball
....
қўлтўпи

skiing
....
чанғи учиш

polo
....
поло

jump
сакрамоқ

laugh
кулмоқ

hug
кучмоқ

walk
юрмоқ

sing
куйламоқ

dream
ҳаёл қилмоқ

pray
ибодат қилмоқ

kiss
ўпмоқ

write
ёзмоқ

draw
чизмоқ

show
кўрсатмоқ

push
итармоқ

give
бермоқ

take
олмоқ

have

эга бўлмоқ

do

бажармоқ

be

бўлмоқ

stand

турмоқ

run

югурмоқ

pull

тортмоқ

throw

улоқтирмоқ

fall

йиқилмоқ

lie

алдамоқ

wait

кутмоқ

carry

ташимоқ

sit

ўтирмоқ

get dressed

кийинмоқ

sleep

ухламоқ

wake up

уйғонмоқ

activities - машғулот

look at

қарамоқ

cry

йиғламоқ

stroke

зарба бермоқ

comb

тарамоқ

talk

гаплашмоқ

understand

тушунмоқ

ask

сўрамоқ

listen

тингламоқ

drink

ичмоқ

eat

емоқ

tidy up

йиғиштирмоқ

love

севмоқ

cook

пиширмоқ

drive

ҳайдамоқ

fly

учмоқ

sail

кемада сузмоқ

calculate

ҳисобламоқ

read

ўқимоқ

learn

ўрганмоқ

work

ишламоқ

marry

турмуш қурмоқ

sew

тикмоқ

brush teeth

тиш ювмоқ

kill

ўлдирмоқ

smoke

чекмоқ

send

йўлламоқ

grandmother
буви

grandfather
бува

father
ота

mother
она

baby
чақалоқ

daughter
қиз

son
ўғил

guest

меҳмон

aunt

амма

uncle

тоға

brother

ака

sister

опа

forehead
пешона

eye
кўз

shoulder
елка

finger
бармоқ

face
юз

chin
ияк

hand
кўл панжалари

breast
кўкрак

leg
оёқ

arm
кўл

baby

чақалоқ

man

одам

woman

аёл

girl

қиз бола

boy

ўғил бола

head

бош

back
....
орқа

belly
....
қорин

belly button
....
киндик

toe
....
оёқ панжаси

heel
....
товон

bone
....
суяк

hip
....
бел

knee
....
тизза

elbow
....
тирсак

nose
....
бурун

bottom
....
думба

skin
....
тери

cheek
....
яноқ

ear
....
қулоқ

lip
....
лаб

body - тана

mouth

оғиз

tooth

тиш

tongue

тил

brain

мия

heart

юрак

muscle

мушак

lung

ўпка

liver

жигар

stomach

ошқозон

kidneys

буйрак

sex

жинсий алоқа

condom

презерватив

ovum

тухум ҳужайра

semen

уруғ

pregnancy

ҳомиладорлик

menstruation

ҳайз

vagina

бачадон

penis

олат

eyebrow

қош

hair

соч

neck

бўйин

hospital
шифохона

ambulance
тез ёрдам

wheelchair
ногиронлар аравачаси

fracture
суяк синиши

doctor

шифокор

emergency room

Шошилинч тиббий ёрдам
кўрсатиш бўлими

nurse

ҳамшира

emergency

тез ёрдам

unconscious

ҳушсизлик

pain

оғриқ

injury

жароҳат

bleeding

қонаш

heart attack

юрак хуружи

stroke

инсульт

allergy

аллергия

cough

йўтал

fever

иситма

flu

тумов

diarrhoea

ич кетиш

headache

бош оғриғи

cancer

саратон касали

diabetes

қандли диабет

surgeon

жарроҳ

scalpel

жарроҳ пичоғи

operation

жарроҳлик амалиёти

CT
....
томография

x-ray
....
рентген

ultrasound
....
ултратовуш текшируви

face mask
....
юз ниқоби

disease
....
касаллик

waiting room
....
қабулхона

crutch
....
қўлтиқтаёқ

plaster
....
малҳамли пластир

bandage
....
бинт

injection
....
укол

stethoscope
....
юрак урушини ва ўпкани
эшитиб кўрадиган асбоб

stretcher
....
беморлар учун замбил

clinical thermometer
....
термометр

birth
....
туғруқ

overweight
....
семизлик

hearing aid

эшитиш мосламаси

disinfectant

дезинфекцияловчи восита

infection

инфекция

virus

вирус

HIV / AIDS

ОИВ / ОИТС

medicine

дори

vaccination

эмлаш

tablets

таблетка

pill

дори

emergency call

тез ёрдам қўнғироғи

blood pressure monitor

қон босимини ўлчаш
асбоби

ill / healthy

касал / соғлом

Help!

Ёрдам бер

alarm

хавф-хатар ишораси

assault

тажовуз

Help!

Ёрдам берин

---

attack

ҳужум

danger

хавф

emergency exit

фавкулодда ҳолатларда
чиқиш эшиги

Fire!

Ёнғин!

fire extinguisher

ўт ўчиргич

accident

фалокат

---

first-aid kit

биринчи тиббий ёрдам
тўплами

SOS

фалокат сигнали

police

полиция

Europe

Европа

North America

Шимолий Америка

South America

Жанубий Америка

Africa

Африка

Asia

Осиё

Australia

Австралия

Atlantic

Атлантик океани

Pacific

Тинч океани

Indian Ocean

Ҳинд океани

Antarctic Ocean

Антарктида океани

Arctic Ocean

Арктика океани

North Pole

Шимолий кутб

South Pole

Жанубий қутб

Antarctica

Антарктика

Earth

Ер

land

ўлка

sea

денгиз

island

орол

nation

миллат

state

давлат

clock face

астрономик вақт кўрсатгичи

hour hand

соат мили

minute hand

дақиқа мили

second hand

сония мили

What time is it?

Соат неча?

day

кун

time

вақт

now

ҳозир

digital watch

рақамли соат

minute

дақиқа

hour

соат

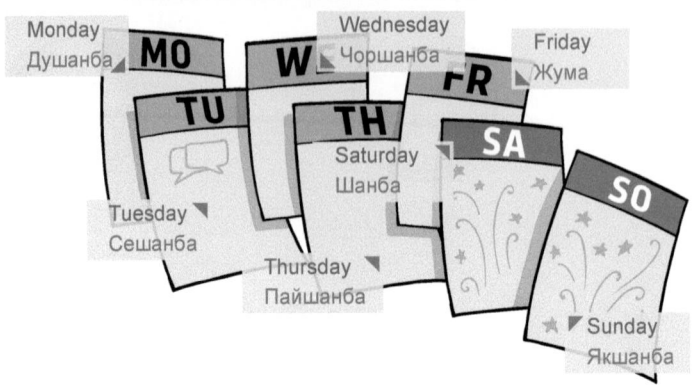

Monday Душанба | MO
Wednesday Чоршанба | W
Friday Жума | FR
Tuesday Сешанба | TU
Thursday Пайшанба | TH
Saturday Шанба | SA
Sunday Якшанба | SO

yesterday

кеча

today

бугун

tomorrow

эртага

morning

эрталаб

noon

пешин

evening

кечкурун

business days

иш кунлари

weekend

дам олиш кунлари

rain
ёмғир

rainbow
камалак

wind
шамол генератори

snow
қор

spring
баҳор

autumn
куз

summer
ёз

winter
қиш

4.APRIL	11°	☀
5.APRIL	4°	☁
6.APRIL	13°	☁
7.APRIL	8°	❄
8.APRIL	10°	☀

weather forecast
об-ҳаво маълумоти

thermometer
термометр

sunshine
қуёшли

cloud
булут

fog
туман

humidity
намгарчилик

lightning

чақмоқ

thunder

момоқалдироқ

storm

бўрон

hail

дўл

monsoon

намгарчилик мавсуми

flood

тошқин

ice

муз

January

Январь

February

Февраль

March

Март

April

Апрель

May

Май

June

Июнь

July

Июль

August

Август

September

Сентябрь

October

Октябрь

November

Ноябрь

December

Декабрь

shapes

шакллар

circle

айлана

square

квадрат

rectangle

тўртбурчак

triangle

учбурчак

sphere

доира

cube

куб

white
оқ

yellow
сариқ

orange
сабзи ранг

pink
пушти

red
қизил

purple
тўқ қизил

blue
кўк

green
яшил

brown
жигар ранг

grey
кул ранг

black
қора

қарама-қарши маъноли сўзлар

a lot / a little

кўп / оз

angry / calm

ғазабли / хотиржам

beautiful / ugly

гўзал / хунук

beginning / end

боши / охири

big / small

катта / кичик

bright / dark

ёруғ / қоронғу

brother / sister

ака / сингил

clean / dirty

тоза / ифлос

complete / incomplete

тўлиқ / чала

day / night

кун / тун

dead / alive

ўлик / тирик

wide / narrow

кенг / тор

edible / inedible

еса бўладиган / еса
бўлмайдиган

evil / kind

ёвуз / хайрли

excited / bored

ҳаяжонли / зерикарли

fat / thin

семиз / озғин

first / last

биринчи / охирги

friend / enemy

дўст / душман

full / empty

тўла / бўш

hard / soft

қаттиқ / юмшоқ

heavy / light

оғир / енгил

hunger / thirst

очлик / чанқов

ill / healthy

касал / соғлом

illegal / legal

ноқонуний / қонуний

intelligent / stupid

зиёли / калтафаҳм

left / right

чап / ўнг

near / far

яқин / узоқ

opposites - қарама-қарши маъноли сўзлар

new / used

янги / ишлатилган

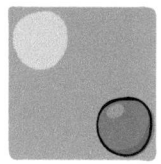

nothing / something

ҳеч нарса / бир нарса

old / young

қари / ёш

on / off

ёниқ / ўчиқ

open / closed

очиқ / ёпиқ

quiet / loud

паст / баланд

rich / poor

бой / камбағал

right / wrong

тўғри / нотўғри

rough / smooth

нотекис / текис

sad / happy

хафа / хурсанд

short / long

қисқа / узун

slow / fast

секин / тез

wet / dry

нам / қуруқ

warm / cool

илиқ / салқин

war / peace

уруш / тинчлик

0

zero

ноль

1

one

бир

2

two

икки

3

three

уч

4

four

тўрт

5

five

беш

6

six

олти

7

seven

етти

8

eight

саккиз

9

nine

тўққиз

10

ten

ўн

11

eleven

ўн бир

12

twelve

ўн икки

13

thirteen

ўн уч

14

fourteen

ўн тўрт

15

fifteen

ўн беш

16

sixteen

ўн олти

17

seventeen

ўн етти

18

eighteen

ўн саккиз

19

nineteen

ўн тўққиз

20

twenty

йигирма

100

hundred

юз

1.000

thousand

минг

1.000.000

million

миллион

тиллар

English
·················
Инглиз

American English
·················
Америкача инглиз тили

Chinese Mandarin
·················
Хитой тилининг Мандарин
лаҳчаси

Hindi
·················
Ҳинд

Spanish
·················
Испан

French
·················
Француз

Arabic
·················
Араб

Russian
·················
Рус

Portuguese
·················
Португал

Bengali
·················
Бенгал

German
·················
Немис

Japanese
·················
Япон

I

Мен

you

Сен

he / she / it

у / у / у

we

биз

you

сизлар

they

улар

who?

ким?

what?

нима?

how?

қандай?

where?

қаерда?

when?

қачон?

name

исм

behind

орқада

in

ичида

in front of

олдида

over

узра

on

устида

under

тагида

beside

ёнида

between

ўртасида

place

жой